Inhaltsverzeichnis

Einführung	2
Übersicht über die Zuordnung der Spiele und Bildaufgaben zu den einzelnen Lernzielen	6
Anweisungen zu den Spiel- und Arbeitsbogen der Stufe 1	24
Anweisungen zu den Spiel- und Arbeitsbogen der Stufe 2	36
Quellennachweis	47

Einführung

Die beiden Mappen „Sehen Hören Sprechen" Stufe 1 und Stufe 2 wollen in spielerischer Form helfen, Kinder auf den Leselernprozeß vorzubereiten. Das dazugehörige Anleitungsheft zeigt die Zuordnung der Einzelblätter zu bestimmten Lernzielen auf und stellt sie in einen größeren Zusammenhang mit vielfältigen anderen Spielformen. In der Auswahl und Anordnung der Lernziele wird ein klarer Aufbau sichtbar, der nun aber nicht dazu verführen soll, die einzelnen Blätter in starrer Reihenfolge „durchzuarbeiten". Die Blätter sind in ihrer Aufgabenstellung abgerundet und begrenzt und können je nach individuellen Bedürfnissen und didaktischen Absichten in das Spielgeschehen eingebaut werden.
Zu dem Spiel- und Arbeitsmaterial gehört außerdem noch „Wortspiele – Sprich genau · Hör genau", Otto Maier Verlag Ravensburg, ein Spiel mit klangähnlichen und Reimwörtern, Best.-Nr. 665 5028-1
Die wissenschaftliche Grundlegung wurde in meinem Buch Vorschule des Lesens, Oldenbourg Verlag München, ^{2}1974 veröffentlicht.
Auf den 56 farbigen Blättern jeder Mappe sind Spiele und Aufgaben für Kinder ab 5 Jahren zusammengestellt, die die optische und akustische Wahrnehmungsfähigkeit üben und die Sprachfähigkeit steigern sollen. Hand in Hand damit geht die Förderung der allgemeinen Denkfähigkeit. Die Spiele und Aufgaben dienen aber vor allem dazu, diejenigen Kräfte und Fähigkeiten des Kindes zu entwickeln und zu üben, die es für das spätere Lesenlernen braucht. Sehen, Hören und Sprechen sind wesentliche Voraussetzungen für das Lesenlernen, deshalb sind hier Spiele zusammengestellt worden, die Seh-, Hör- und Sprechübungen zum Inhalt haben.
Auswahl und Einteilung der Spiele unterliegen didaktischen und lernpsychologischen Erfordernissen, die in allen drei Bereichen Sehen, Hören und Sprechen zu folgender Gliederung führen: An Gruppenspiele, in denen das Kind sich bewegt, hüpft, springt, singt, Rhythmen klatscht und anderes mehr, schließen sich Aufgaben an, die als Fortführung der im Bewegungsspiel begonnenen Tätigkeit aufzufassen sind, dann aber nicht mehr unter Einsatz der Gesamtmotorik, sondern im Umgang mit Bildern, Kärtchen, Stift und Papier gelöst werden. Zu jedem Lernziel bieten die Mappen mit dem dazugehörigen Anleitungsheft daher Spiele ohne Bildmaterial und Bildaufgaben.
Die meisten Aufgabenstellungen sind so in Spiele eingebaut, daß die Lernbereitschaft im spielerischen Wettbewerb zweier Kinder oder in

der Gruppe angesprochen und gefördert wird. Da schon das vierjährige Kind in seiner Leistungsmotivation ähnlich wie der Erwachsene reagiert und Freude am Erfolg sowie Furcht vor Mißerfolg zeigt, wurde außerdem Wert darauf gelegt, daß die Aufgaben Mißerfolge möglichst ausschließen. Eine Schwierigkeitssteigerung von Stufe 1 zu Stufe 2 will ein zu niedriges Leistungsniveau verhindern und den unterschiedlichen Einsatz der Übungen je nach dem Leistungsstand einzelner Kinder ermöglichen.

Bei vielen Aufgaben kann das Kind seinen Lernerfolg selbst kontrollieren. Sie können allein oder gemeinsam mit anderen Kindern durchgeführt werden.

Beim Lesenlernen wirken viele Fähigkeiten zusammen. So muß z. B. die Leserichtung von links nach rechts eingehalten werden. Das Kind muß Zeile für Zeile einen Text von oben nach unten lesen können, ohne sich mit den Augen zu verirren und dabei Zeilen zu überspringen. Sie eignen sich daher besonders gut, in kurzer, spielerischer Form Einzelthemen durchzunehmen. Es ist daher auch empfehlenswert, dem Kind immer nur einzelne Blätter vorzulegen, die es oben auf der Kopfleiste mit seinem Namen oder seinem Zeichen kennzeichnet und nach der Bearbeitung in seiner Mappe sammelt.

Zur besseren Unterscheidung der einzelnen Mappen bei der Sortierung der Blätter sind ab der 10. Auflage die Blätter in jeder Mappe mit unterschiedlichen Zifferntypen durchnumeriert.

Es muß eine bestimmte Anzahl von Buchstaben „mit einem Blick" erfassen, um daraus ein Wort zu lesen. Die Voraussetzung dafür ist wiederum, daß es eine Fülle von Wörtern nach ihrer optischen Gestalt und in ihrer inhaltlichen Bedeutung kennt. Die Mappe enthält daher auch solche Spiele, die darauf abzielen, den Wortschatz des Kindes zu erweitern und ihm Begriffe zu erklären. Kinder, denen das Lesenlernen Schwierigkeiten bereitet, haben möglicherweise früher zu wenig Gelegenheit gehabt, auf die Lautgestalt eines Wortes oder auf den Verlauf einer Satzmelodie zu achten. Sie haben vielleicht jene Phase übersprungen, wo ein Kind Freude an neuen, langen Wörtern, an allerlei Wortveränderungen, Lautmalereien und Unsinnsätzen hat.

Besonderer Wert wird auf die Aufgaben zur akustischen Wahrnehmung gelegt. Lesenlernen setzt voraus, daß das Kind in der Lage ist, gehörte Sprache, also Sätze und einzelne Wörter „abzuhören", das heißt, bestimmte Laute oder Lautgruppen aus dem gesprochenen Satz herauszuhören und zu unterscheiden.

Eng verknüpft mit der akustischen Wahrnehmung ist das lautreine Sprechen. Gerade das Vorschulkind, dessen Sprachentwicklung noch sehr im Fluß ist, hat oft Schwierigkeiten bei der Bildung einzelner Laute. S, z, sch, aber auch Konsonanten wie g und k, d und t werden oft noch ungenau ausgesprochen. Die angebotenen Übungen sollen die sprecherzieherische Arbeit der Eltern und Erzieher unterstützen und dem Kind bei der Aussprache bestimmter Laute helfen.

Zusammenfassung der Lernziele, die den Spielen in beiden Mappen zugrunde liegen:

Optische Wahrnehmung:

Einhalten der Leserichtung von links nach rechts und Zeile für Zeile von oben nach unten.
Überschauendes Wahrnehmen – in einer gleichbleibenden Zeit eine immer größere Menge graphischer Zeichen (Buchstaben) „auf einen Blick" auffassen.
Differenzierendes Wahrnehmen – in einer immer kürzer werdenden Zeit mehr Einzelheiten sicher unterscheiden.

Akustische Wahrnehmung:

Einzelne Wörter aus einem gesprochenen Text heraushören.
Lautgruppen aus einem gesprochenen Text (Wörter, Silben, Mitlauthäufungen) ausgliedern.
Einzellaute aus einem gesprochenen Text heraushören.
Lange und kurze Laute unterscheiden.
Ähnlich klingende Laute sicher unterscheiden.
Sich zu Bildern das entsprechende Wort denken, ohne es auszusprechen.

Sprachfähigkeit:

Über einen genügend differenzierten Wortschatz verfügen.
Grundlegende Begriffe verstehen und gebrauchen.
Einzelne Laute normgerecht aussprechen.
Einfache grammatische Wendungen und Satzbaumuster beherrschen.
Geordnete Gedankenabläufe flüssig darstellen.

Zuordnung der Spiele und Bildaufgaben
zu den einzelnen Lernspielen

I Sehen und Unterscheiden –
   Training der optischen Wahrnehmung

Spiele ohne Bildmaterial

Kreisspiele

Eine Spielgruppe von acht bis zehn Kindern ordnet sich zum Kreis, faßt sich an den Händen und geht unter Singen bekannter Kinderlieder auf ein vereinbartes Zeichen des Spielleiters bald nach rechts, bald nach links.
Für eine Spielgruppe von acht Kindern werden neun Stühle im Kreis aufgestellt. Jedes Kind setzt sich auf einen Stuhl. Ein Stuhl bleibt leer. Das Kind, neben dem der rechte Stuhl leer ist, schlägt mit der Hand auf dessen Sitz und sagt: „Mein rechter, rechter Stuhl ist leer, da wünsch' ich mir den (die) ... her!" Nun spielt das Kind weiter, neben dem der rechte Stuhl durch Abruf eines Kindes leer geworden ist. Acht bis zehn Kinder stehen im Kreis und singen das Lied vom Hampelmann, der sich anzieht: „So zieht Hampelmann, so zieht Hampelmann sein rechtes Strümpfchen an. Oh, du mein Hampelmann, mein Hampelmann bist du!" Alle durch den Text vorgeschriebenen Bewegungen werden ausgeführt, dabei werden der linke und der rechte Strumpf, das linke und rechte Hosenbein, der linke und rechte Jackenärmel, der linke und rechte Schuh angezogen.
Die Kinder sitzen im Kreis. Der Spielleiter erzählt die Geschichte eines „Butzemanns", der abends nach Hause kommt und seinen Wohnungsschlüssel sucht: „Butzemann steht vor der Wohnungstür und sucht seinen Schlüssel. Er sucht mit der rechten Hand in der rechten Hosentasche, mit der linken Hand in der linken Hosentasche, aber er findet ihn nicht. Jetzt klopft er mit der rechten Hand an die Tür, aber es rührt sich nichts. Da klopft er mit der linken Hand an die Tür, aber es rührt sich noch nichts. Da stampft er mit dem rechten (linken) Fuß auf den Boden..."
Alle Bewegungen werden von den Kindern ausgeführt.

Hüpfspiele

Acht bis zehn Kinder stellen sich in einer Reihe nebeneinander, ver-

Unterscheiden von links und rechts, Üben der waagrechten Blickrichtung von links nach rechts.

schränken die Arme und hüpfen nach Tamburinschlägen jeweils auf einem (vom Spielleiter bestimmten) Bein zu einem vereinbarten Ziel. Dasjenige Kind, das als erstes am Ziel ist, spielt in der nächsten Runde als Spielleiter.
Auf dem Boden sind folgende Figuren gezeichnet:

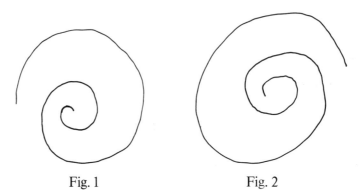

Fig. 1   Fig. 2

Jedes Kind der Spielgruppe hüpft Figur 1 auf dem rechten Bein, Figur 2 auf dem linken Bein von außen nach innen, wechselt dann das Hüpfbein und hüpft die Figur wieder in umgekehrter Richtung zum Ausgangspunkt zurück.

Ballspiel
Etwa sechs bis acht Kinder stehen frontal zum Ballwerfer gewandt. Dieser wirft von links nach rechts jedem Mitspieler den Ball zu und fängt den zurückgeworfenen Ball wieder. Mißlingt dem Ballwerfer das Auffangen des möglichst schnell zurückgeworfenen Balles, so wird er von dem Kind abgelöst, das den Ball zuletzt geworfen hat.

Einhalten der Leserichtung von links nach rechts und Zeile für Zeile von oben nach unten

Bildaufgaben

Stufe 1:
Zuordnen zusammengehörender Teile (1, 2, 3, 4)
Bildergeschichten ordnen (5, 6)
Den kürzesten Weg suchen (7, 8)
Seitenvergleich (9, 10)
Zeilen „lesen" (11, 12)
Bildervergleich (13, 14)

Stufe 2:
Bildergeschichten ordnen (1, 2, 3)
Ziel der Rennautos (4)
Zeilen „lesen" (5, 6)
Seitenvergleich (9)
Töpfe malen (10)
Bildervergleich (7, 8)

Spiele ohne Bildmaterial Überschauendes Wahrnehmen

Kreisspiel „Schaut euch nicht um, der Fuchs geht um".
Etwa zehn Kinder fassen sich an den Händen und stellen sich im Kreis auf. Ein Mitspieler schleicht als „Fuchs" außen um den Kreis herum und spricht: „Schaut nicht um, der Fuchs geht um, es geht ein wildes Tier herum!" Unauffällig legt der „Fuchs" ein kleines Tuch hinter die Füße eines der Kinder. Der Mitspieler, der das Tüchlein hinter sich liegen hat, löst sich aus dem Kreis, nimmt das Tüchlein und jagt damit hinter dem „Fuchs" her. Der „Fuchs" strebt der Kreislücke zu. Hat er sie erreicht, stellt er sich als Mitspieler in den Kreis. Der „Jäger" spielt als „Fuchs" weiter, und das Spiel beginnt von vorn. Wird der „Fuchs" vor Erreichen der Kreislücke vom „Jäger" abgeschlagen, stellt sich der „Jäger" wieder in den Kreis und der „Fuchs" spielt noch eine Runde.
Bei diesem Spiel wird die Aufmerksamkeit der Kinder einerseits auf das Tüchlein gelenkt, das sofort aufgenommen werden muß, wenn es hinter den Füßen am Boden liegt. Gleichzeitig muß der Spielverlauf verfolgt werden, damit die Spielgruppe u. U. entscheiden kann, ob der „Fuchs" oder der „Jäger" das Ziel erreicht hat.

Mengen erfassen
Zwei Kinder sitzen vor einer Schüssel mit Murmeln. Auf „los" fassen beide mit einer Hand in die Schüssel und versuchen dabei möglichst viele Kugeln herauszuholen. Die gefaßten Kugeln werden vor jedes Kind auf den Tisch gelegt. Beide Spieler entscheiden, wer durch seinen Zugriff mehr erwischt hat. Zur Kontrolle wird abgezählt. Das Kind, das mehr Kugeln gefaßt hat, gibt das Startzeichen für das nächste Zufassen. Es wird gespielt, bis alle Kugeln aus der Schüssel geholt sind.

Pantomime interpretieren
Der Spielleiter spielt etwa sechs bis acht Kindern pantomimisch einen Handlungsablauf vor. (Beispiel: Baby wickeln, pudern, Knopf annähen; Brief schreiben, falten, in den Umschlag stecken, zukleben; u. a.). Wer aus der Zuschauergruppe zuerst errät, was dargestellt wird, und den Handlungsverlauf in Worte faßt, denkt sich eine neue Pantomime aus und spielt sie vor.

Laufspiel „Ochs am Berg"
Ein Kind steht mit dem Gesicht zur Hauswand gekehrt und ruft: „Ochs am Berg!" Etwa sechs Mitspieler stehen in einer Entfernung von ca. 15 m hinter dem Rufer in einer Reihe. Jedes Kind bemüht sich nun so schnell wie möglich die Hauswand zu erreichen. Hat der Rufer ausgesprochen, dreht er sich blitzschnell um und überprüft die Reihe der „Stürmer". In diesem Augenblick muß jeder Mitspieler völlig unbewegt auf seinem Platz stehen. Wer wackelt oder sich sonst bewegt, wird vom Rufer zur

Ausgangslinie zurückgeschickt. Wer als erster die Hauswand erreicht, löst den Rufer ab.
Bei diesem Spiel übt sich besonders der jeweilige Rufer im überschauenden Wahrnehmen. Für die übrigen Mitspieler ist es eher ein Konzentrations- und Reaktionsspiel.

Was wurde verändert?
Eine Spielgruppe von etwa zehn Kindern wird aufgefordert, sich im Zimmer sorgfältig umzusehen. Danach wird ein Kind vor die Tür geschickt und in dessen Abwesenheit eine Kleinigkeit im Raum verändert. Es wird z. B. ein Stuhl verrückt, ein Wandbild abgenommen, ein Blumenstock auf ein anderes Fensterbrett gestellt u. ä. Hat das zurückgerufene Kind die Veränderung bemerkt, darf es die nächste Veränderung bestimmen, nachdem ein anderes Kind hinausgeschickt wurde.

Bildaufgaben

Stufe 1:
Zusammengehöriges erkennen (15, 16)
Bildergeschichten ordnen (5, 6)
Bilder treffend benennen (17, 18)

Stufe 2:
Zusammengehöriges erkennen (12, 13)
Bildergeschichten ordnen (1, 2, 3)
Situation erkennen (11)

Differenzierendes Wahrnehmen

Spiele ohne Bildmaterial

Ordnungsübungen
Nach dem Spiel mit Bausteinen, Püppchen, Kugeln usw. werden die Kinder angeregt, alle Bausteine gleicher Größe (Farbe) zusammenzustellen; alle Püppchen gleicher Haarfarbe (Kleidung, Größe) zusammenzusetzen; alle Kugeln gleicher Beschaffenheit (Farbe, Größe) zusammenzulegen.

Knöpfe ordnen
Jeweils 15 kleine schwarze, große schwarze, kleine weiße und große weiße Knöpfe werden vermischt auf den Tisch geschüttet. Das Kind sortiert in zwei bereitstehende Schachteln zunächst der Farbe nach, beim zweiten Durchgang der Größe nach.
Als Erweiterung werden Knöpfe einer Farbe, aber von dreierlei Größen vermischt und müssen der Größe nach sortiert werden.
Verschiedene Geldstücke werden sortiert.

Nach Vorbild bauen
Aus einer vorgegebenen Anzahl von Bausteinen soll ein Kind einen vorgebauten Turm genau nachbauen.

Steckpuppe zusammensetzen.
Nach einem Vorbild wird aus vorgegebenen Einzelteilen eine Puppe vom Kind genau nachgesteckt.
Als Erweiterung erhält das Kind eine größere Anzahl von Bauelementen als es zum Ausführen des Vorhabens benötigt. Es dürfen aber nur die in der Vorlage angegebenen Teile benützt werden.

Halskette auffädeln
Nach Abbildung oder Vorlage werden Perlenketten aufgefädelt.

Bildaufgaben

Stufe 1:
Mit Stäbchen Formen nachlegen (19)
Paare suchen (20, 22)
Aus vielen ähnlichen Bildern gleiche finden (21)
Geringfügige Unterschiede erkennen (23)
Fehlendes nach Vorlage ergänzen (24)
Beobachten und ergänzen (25)
Kleinste Unterschiede erkennen (26)
Fehlendes aus dem Gedächtnis ergänzen (27)
Vergleichen und ergänzen (28)

Stufe 2:
Figuren nachlegen (14)
Aus vielen ähnlichen Bildern gleiche finden (15, 20)
Paare suchen (16, 17)
Fehlendes nach Vorlage ergänzen (18)
Fehlendes aus dem Gedächtnis ergänzen (19)
Geringfügige Unterschiede erkennen (21, 22)
Vergleichen und ergänzen (23)
Kleinste Unterschiede erkennen (24)

II Hören und Unterscheiden –
Training der akustischen Wahrnehmung

Spiele ohne Bildmaterial

Nach Musik gehen
Der Spielleiter spielt mit einem Musikinstrument (Blockflöte, Triangel u. ä.) verschieden lange Töne gleicher Tonhöhe. Die Kinder bewegen sich zur Musik im Raum. Lange Töne erfordern große Schritte, kurze Töne kleine. Jedes Kind hat die Möglichkeit, einmal Spielleiter zu sein.

Unterscheiden von langen und kurzen, hohen und tiefen, lauten und leisen Tönen.

Nach der Uhr gehen
Die Kinder halten sich Taschen- oder Armbanduhren ans Ohr und bewegen sich nach dem wahrgenommenen Rhythmus durch den Raum. Bekannte Kinderlieder werden in unterschiedlicher Tonhöhe von „Vögeln" hoch, von „Bären" tief, gesungen.

Echo-Lieder
Singen und darauf achten, daß der Echo-Effekt besonders deutlich herauskommt.

Flüsterspiel
Die Mitspieler sitzen im Kreis. Der Spielleiter flüstert seinem rechten Nachbarn ein Wort ins Ohr, das dieser wiederum seinem rechten Nachbarn durch Flüstern weiterleitet. Der letzte Mitspieler, den das Flüsterwort erreicht, sagt es laut. Daraufhin nennt der Spielleiter sein geflüstertes Wort zum Vergleich.

Gehen nach dem Tamburin
Zu lauten, langen Tönen gehen die Kinder als „Riesen" mit langen Schritten durch den Raum. Leise, kurze Schläge bedeuten: Die „Zwerge" trippeln.

Bergsteigen
Auf dem Fußboden werden in einer Linie etwa im Abstand von 50 bis 80 cm drei verschiedene Gegenstände ausgelegt, die die Kinder mühelos übersteigen können (z. B. Ball, zwei aufeinandergetürmte Bausteine, Topf). Die Mitspieler stellen sich um diese Gegenstände zum Kreis auf. Ein Kind übersteigt die drei Gegenstände, um dabei auszuprobieren, wie hoch es seine Beine heben muß. Ist dieses „Bergsteigen" geglückt, werden dem Kind die Augen verbunden. Jetzt legt es noch einmal denselben Weg mit verbundenen Augen zurück. Die im Kreis stehenden Zuschauer helfen durch Klatschen ein Stürzen oder Stolpern zu vermeiden: Sie klatschen leise, solange sich das Kind außerhalb der „Berge" befindet und laut, wenn das Kind seine Beine heben muß. Alle Mitspieler wechseln der Reihe nach ab.

Namenlänge beachten
Vorübung: Der Spielleiter spricht einige Kindernamen vor und zeigt dabei, wie sich Namen rhythmisch klatschen lassen, z. B. Mo-ni-ka. Jedes Kind der Spielgruppe versucht daraufhin, seinen eigenen Namen zu sprechen und zu klatschen. Nun stellt sich der Spielleiter in eine Zimmerecke und klatscht einmal in die Hände. Alle Kinder, deren Namen einsilbig ist, folgen dem Klatschruf und bleiben in dieser Ecke stehen. In der nächsten Ecke klatscht der Spielleiter zweimal, um Kinder mit zweisilbigen Namen zu rufen. So werden alle Kinder gemäß der Silbenzahl ihres Namens auf die Zimmerecken verteilt. Spiel: Die Spielgruppe ordnet sich einen Kreis von Stühlen derart an, daß ein Stuhl frei

bleibt. Das Kind, neben dem der rechte Platz leer ist, klatscht sich einen Nachbarn her. Wer sich durch den Klatschruf angesprochen fühlt (die Silbenzahl des Namens muß den Klatschschlägen entsprechen) eilt auf den freien Platz. Wer zuerst ankommt, setzt sich. Die anderen gehen auf ihre Plätze zurück. Jetzt klatscht das Kind, neben dem der rechte Platz freigeworden ist.

Bildaufgaben

Stufe 1:
Das längere Wort suchen (29)
Das kürzere Wort suchen (30)

Stufe 2:
Wortlängen vergleichen (25, 26)
Wörter nach Silbenzahl ordnen (27, 28)

Unterscheiden von langen und kurzen Wörtern

Spiele ohne Bildmaterial

Was hörst du?
Kinder lauschen mit verbundenen Augen auf verschiedene vom Spielleiter erzeugte Geräusche und versuchen in Worten auszudrücken, was sie hören: Papier rascheln, Klopfen mit dem Bleistift auf eine harte Unterlage, Platzen einer aufgeblasenen Papiertüte, Plätschern von Wassertropfen, Wasser, u. a.

Geräusche unterscheiden

Wer hört richtig?
Etwa zehn Kinder besehen sich eine Ansammlung von sechs bis acht kleinen Gegenständen (z. B. Apfel, Gummiball, Bleistift, Glasscherbe, Bauklötzchen, u. a.). Ein Kind verbindet sich die Augen und versucht am Geräusch zu bestimmen, welchen Gegenstand der Spielleiter auf den Boden geworfen hat. Die übrigen Mitspieler entscheiden, ob die Antwort richtig ist.

Hänschen piep mal!
Etwa zehn Kinder sitzen auf zum Kreis geordneten Stühlen. Ein Kind verbindet sich die Augen und setzt sich einem der auf den Stühlen sitzenden Kinder auf den Schoß. Es bittet: „Hänschen piep mal!" Das aufgeforderte Kind antwortet mit verstellter Stimme. Erkennt der Frager das Hänschen an der Stimme, werden die Rollen getauscht. Der Frager spielt solange weiter, bis es ihm gelingt, einen Mitspieler an der Stimme zu erkennen.

Ähnlich klingende Laute unterscheiden

Wer hört genau zu?
Der Spielleiter nennt in rascher Abfolge Wörter mit dem Anlaut pfl, spricht gelegentlich aber ein Wort mit fl dazwischen. Die Zuhörer sind angewiesen, jedesmal, wenn ein Wort mit fl beginnt, schnell aufzustehen. Wer falsch reagiert, gibt ein Pfand ab.

Mögliche Wörter: Pflaume, Pflanzen, Pflaster, Floh, pflegen, pflücken, flattern, Flugzeug, Pflaumenmus, ...

Zur Abwandlung wird dasselbe Spiel mit den Anlauten kr - kl, s - z, u. a. durchgeführt. Mögliche Beispiele für kr - kl: Kraut, krank, klein, Kropf, Krallen, Kleid, Klee, Kragen, Krawatte, Krapfen, Klasse, Klaus, Krach. Mögliche Beipiele für s - z: süß, sauer, saftig, zart, Zucker, Salz, Soße, Zange, Sieb, Seide, Seife, Sachen, Zunge, Saft, See, Zehen.

Bildaufgaben

Stufe 1: Keine

Stufe 2:
Lautnuancen unterscheiden (29, 30)

Heraushören von Einzellauten

Spiele ohne Bildmaterial

Tierlaute nachahmen
Einzelne Tierlaute werden von Kindern nachgeahmt. Die Gruppe rät, welches Tier dargestellt wird. Wer errät, welcher Tierruf gemeint war, spielt weiter.

Lautmalerei in Kinderversen
Singen von Kinderliedern, die auf Einzellaute abzielen, wie: Meine Mu-, meine Mu-, meine Mutter schickt mich her . . . ; Ri, ra, rutsch, wir fahren mit der Kutsch . . . ; Drei Chinesen mit dem Kontrabaß . . . (abgewandelt nach allen Vokalen), Es tanzt ein Bi-, Ba-, Butzemann . . . ; Tra-ri-ra, der Sommer der ist da;

Enchen, denchen,
dittchen, dattchen,
sibeti, bibeti,
bonchen, battchen,
sibeti, bibeti, buff!

Die Kau
Ich kannte eine Kuh.
Sie lag auf der Wiese
in himmlischer Ruh.
Ich sah ihr stundenlang zu,
wie sie Kau - gummi,
Kau - gummi,
Kau - gummi
kaute,

die Kau-, nein, die Kau-,
nein, die Kuh, die kau-,
ja, die Kau-, ja, die Kau-,
gummi, Kau - gummi,
Kaugummi, kau - ende
himmlische Ruh.

Josef Guggenmoos

Nachahmen sinntragender Einzellaute
In der Spielsituation werden die Dampflok, der rasselnde Wecker, das grunzende Schwein, die aus dem Fahrradschlauch ausströmende Luft, die Laute der Luftpumpe nachgeahmt.

Ratespiel
Der Spielleiter denkt sich einen bestimmten Gegenstand im Zimmer aus, der von den Kindern erraten werden muß. Bekanntgegeben wird nur der Anfangslaut: „Rate, rate was ist das, ist kein Fuchs und ist kein Has, sondern das Ding beginnt mit „L" (Lampe). Wer die Lösung errät, gibt das nächste Rätsel auf. Die Buchstaben müssen dabei nach ihrer Lautqualität gesprochen werden, also M nicht Em, L nicht El.

Pfänderspiel: Laute hören
Zur Vorübung werden gemeinsam die Namen von Tieren, Spielsachen, Früchten, Kindern, u. a. gesammelt, die im An-, In- oder Auslaut einen bestimmten Vokal enthalten. Nach vielen Beispielen beginnt das Spiel;

Der Spielleiter erzählt eine kurze Geschichte über Fahrzeuge (über Spielsachen, Tiere, Kinder, usw.), in der möglichst oft ein vorher vereinbarter Laut im Namen der genannten Gegenstände vorkommt. Jedesmal, wenn in der Geschichte ein Fahrzeug mit dem gefragten Vokal genannt wird, springen alle Kinder von ihren Sitzen auf. Wer falsch reagiert, gibt ein Pfand ab. Wer kein Pfand abgeben mußte, ist Gewinner und darf der Gruppe ein Rätsel aufgeben.
Beispiele für a: Krankenwagen, Lastwagen, Tankwagen, Fahrrad, Sanitätsauto, Straßenbahn, Motorrad, dazwischen: Funkstreife, Postauto. Mercedes, VW, Ford, Lieferauto, u. a.

Bildaufgaben

Stufe 1:
Anlaute hören (31, 32)

Stufe 2:
Anlaute hören (31, 32, 33, 34, 35, 41)
Endlaute hören (39, 40 42)
Inlaute hören (48)

Spiele ohne Bildmaterial

Abzählverse sprechen
Beim Abzählen vor einem Fangspiel spricht das Kind einen bekannten Vers und zeigt dabei Wort für Wort, bzw. Silbe für Silbe mit dem Finger auf eines der anwesenden Kinder. Dadurch wird die Aufmerksamkeit des Kindes unwillkürlich auf die Silben des Sprechverses gelenkt:

Heraushören von Wortteilen und Lautgruppen

Eins, zwei, drei, vier,
auf dem Kla-vier
sitzt ei-ne Maus
und du bist raus!
Eins, zwei, Papagei,
drei, vier, Offizier,
fünf, sechs, alte Hex,
sieben, acht, Kaffee gemacht,
neun, zehn, weitergehn,
elf, zwölf, junge Wölf,
dreizehn, vierzehn, Haselnuß,
fünfzehn, sechzehn, du bist duß!

Wie weit darf ich reisen?
Der Spielleiter steht am vereinbarten Ziel und blickt einer Reihe von etwa acht Kindern entgegen, die sich in ca. 10 m Entfernung vor ihm aufgestellt hat. Jedes Kind fragt den Spielleiter der Reihe nach: „Wie weit darf ich reisen?" und erhält als Antwort einen bestimmten Ort genannt. Für jede Silbe des genannten Reiseziels geht der Spieler einen Schritt nach vorn, z. B. für „München" zwei Schritte, für „Italien" vier Schritte, usw. Wer als erster das Ziel erreicht, spielt in der nächsten Runde als Spielleiter weiter.

Reimen
Der Spielleiter nennt ein Wort, zu dem sich jeder Mitspieler möglichst viele Reimwörter einfallen läßt. Jedes Kind gibt für jedes genannte Reimwort ein Pfand ab. Wer die meisten Pfänder abgegeben hat, spielt in der nächsten Runde als Spielleiter weiter.
Abwandlung: Dasselbe Spiel wird zum Rätsel, wenn der Spielleiter beginnt: „Ich denke an ein Wort, es reimt sich auf „Pfau". Wer das gesuchte Reimwort nennt, spielt als Spielleiter weiter.

Namen raten
Zu einem vom Spielleiter genannten Wortanfang müssen die Kinder den gemeinten Vornamen raten, z. B. An- (Es kann geraten werden: Anna, Anton, Angelika, u. a.)
Abwandlung: Nur die Nachsilbe eines Namens wird genannt, z. B. -ter (es kann geraten werden: Peter, Walter, u. a.).

Wörter verlängern
Der Spielleiter nennt ein Substantiv, die Kinder versuchen, möglichst viele Erweiterungen dazu zu sprechen. „Haus" wird z. B. erweitert zu Haustür, Hausschlüssel, Hausschuh, Hausdach u. a.

Bildaufgaben

Stufe 1: keine

Stufe 2:
Gleiche Wortteile erkennen (36, 37, 38)
Gleiche Wortteile hören (47)
Reimwörter suchen (43, 44)
Bilderrätsel lösen (45, 46)

III Sprechen und Verstehen – Sprachtraining

*Wortschatz erweitern
Begriffe klären und
festigen*

Spiele ohne Bildmaterial

Gegenstände benennen
Eine Anzahl bekannter Dinge (Bälle, Puppen, Mützen, Kugeln, Kieselsteine, Radiergummi, Becher, Farbstifte u. a.) wird in eine Reihe gelegt. Ein Kind macht sich zum Erklärer, zeigt jeweils mit dem Finger auf den gemeinten Gegenstand und nennt dessen Namen.
Abwandlung: Ein Kind benennt alles, was im Zimmer steht, liegt, an der Wand hängt. Ein anderes Kind stellt sich ans Fenster und beobachtet kurze Zeit, was draußen alles vorbeikommt. Jedes Fahrzeug, jedes Tier, jeder Mensch wird genannt.

Gegenstände ordnen
Die Ansammlung willkürlich zusammengetragener Gegenstände im Zimmer (Bälle, Puppen, Mützen usw.) wird nach ihrer Verwendbarkeit geordnet; Zum Spielen, zum Anziehen, zum Schreiben u. a.
Abwandlung: Wer findet andere Ordnungsmöglichkeiten? Kinder bringen Vorschläge wie: der Größe nach, der Farbe nach, dem Aufbewahrungsort nach. Ordnen mehrere Kinder unabhängig voneinander Gegenstände, dann erläutert jedes am Schluß die Regel, nach der es geordnet hat.

Tätigkeit nachahmen
Zuerst wird mit einer Spielgruppe über eine bestimmte Art von Tätigkeiten geredet, z. B. über Fortbewegungsmöglchkeiten: Vögel fliegen, flattern, trippeln, hüpfen; Menschen gehen, rennen, hüpfen, springen, schleichen, stolpern, u. a. Dann spielt ein Kind pantomimisch eine der besprochenen Gangarten vor. Wer zuerst nennen kann, was vorgeführt wird, spielt weiter.

Gegenstände verstecken
Ein kleiner Gegenstand soll versteckt und von einem vor die Tür geschickten Kind gesucht werden. Alle Mitspieler überlegen und nennen Orte, wo der Würfel hingelegt werden könnte: auf den Schrank, unter eine Schachtel, in einen Becher, hinter ein Buch, neben... Möglichst

viele Präpositionen sollen genannt werden, bevor sich der Spielleiter zu einem Versteck entschließt.

Das Gegenteil suchen
Der Spielleiter nennt ein Adjektiv (groß, hell, dick, freundlich, lang u. a.), die Kinder besinnen sich auf das Gegenteil. Wer es zuerst und am treffendsten nennt, darf ein neues Wort aufgeben.

Sprechvers
Eins, zwei, drei,
alt ist nicht neu,
neu ist nicht alt,
warm ist nicht kalt,
kalt ist nicht warm,
reich ist nicht arm.

Personen beschreiben
Im Anschluß an eine Märchenerzählung oder eine andere Personengeschichte werden die Kinder aufgefordert, sich über die beschriebenen Personen zu äußern: „Was denkt ihr euch über den (die)...?" Antworten wie häßlich, gemein, böse, lieb, gut, können noch genauer ausgedrückt werden. Differenzierte Ausdrücke für „lieb" sind beispielsweise: mitleidig, folgsam, hilfsbereit, freundlich, ehrlich, geduldig u. a.

Bildaufgaben

Stufe 1:
Oberbegriffe suchen (33, 34, 35)
Funktional ordnen (36, 37)
Zuordnungsaufgaben (51, 52, 53, 54, 55, 56)
Was gehört nicht dazu? (38, 39)
Lagebezeichnungen erkennen (40, 43, 44)
Bilderrätsel lösen (49)

Stufe 2:
Was gehört nicht hierher? (49, 50)
Lagebeziehungen erkennen (53, 54)

Einzellaute normgerecht aussprechen	**Spiele ohne Bildmaterial** Feder blasen Sechs Kinder sitzen sich so am Tisch gegenüber, daß jedes einen Partner hat. Inmitten des Tisches liegt eine Vogelfeder, die hin- und hergeblasen wird, ohne daß sie vom Tisch fallen darf. Die Feder darf nicht mit den Händen berührt werden. Derjenige Mitspieler scheidet aus, der die ankommende Feder nicht rechtzeitig zurückbläst, so daß sie über den Tisch hinunterschwebt.

Durch das Blasen wird der Luftstrom gleichmäßig gesteuert. Atemübungen sind eine notwendige Voraussetzung für die Artikulation der Laute.
Abwandlung: es wird ein bestimmter Laut „geblasen", z. B.: p-p-p; t-t-t; f-f-f; ft-ft-ft.

Blasspiele
Seifenblasen fliegen lassen, Luftballone aufblasen, sind gute Vorübungen für die Bewegung der Lippen und die Kontrolle des gleichmäßigen Atemstroms. Kinder, die schon pfeifen können, sollen gelegentlich ein Pfeifkonzert veranstalten.

Tiere nachahmen
Zur Lockerung ist es ganz reizvoll, ab und zu Tiere nachzuahmen: Alle „Schweinchen" grunzen ch-ch-ch und machen dann eine große Schnute. Alle „Fische" schnappen stumm nach Luft. Dabei wird der Unterkiefer schnell und locker geöffnet und wieder geschlossen. Alle „Kühe" kauen. Mit geschlossenem Mund wird der Unterkiefer hin- und herbewegt. Dazwischen rufen die „Kühe" laut muh!

Singen von Scherzliedern
Lieder, die jeweils auf einen bestimmten Laut abgestimmt sind, z. B.: Drei Chinesen mit dem Kontrabaß, abgewandelt nach allen Vokalen.

Flüstersprache
Etwa zehn Kinder sitzen im Kreis, eines beginnt das Spiel und sagt seinem rechten Nachbarn ein Wort ins Ohr, das dieser wiederum seinem rechten Nachbarn weiterflüstert, usw. So wird reihum geflüstert, bis das Ausgangswort wieder beim ersten Kind ankommt. Durch das Flüstern müssen die Lippen besonders kräftig gespitzt, die Laute besonders deutlich geformt werden, weil das Wort sonst nicht verstanden werden kann.

Sprechen von „Zungenbrechern"
Beim Sprechen von Zungenbrechern muß sich das Kind nicht nur stark konzentrieren, es übt sich auch in der deutlichen Aussprache eines bestimmten Lautes.
Beispiele: Fischers Fritz fischt frische Fische.
Wir Wiener Wäscherinnen würden weiße Wäsche waschen, wenn wir warmes Wasser wüßten.
Sieben Schneeschipper schippen sieben Schippen Schnee.
Zwischen zwei Zweigen zwitschern zwei Schwalben. Es reiten drei Reiter um den Arrarat herum.
Esel essen Nesseln nicht. Nesseln essen Esel nicht.

Stabreimverse
Singen und Sprechen von Kinderliedern und -versen, die mit Stab-

reimen beginnen, wie: Schneck, Schneck, komm heraus . . .; Knusper, knusper, knäuschen, wer knuspert . . .; Sonne, Sonne, scheine, fahr' über'n . . .; Grau, grau Mäuschen, bleib . . .; Backe, backe Kuchen . . .;

Bildaufgaben

Stufe 1:
Heraushören von Anlauten (31, 32)

Stufe 2:
Heraushören von An-, In- und Auslauten (48)
29 bis 35; 39 bis 44
Einzahl-, Mehrzahlformen (55, 56)

Spiele ohne Bildmaterial

Einfache grammatische Wendungen und Satzbaumuster beherrschen

Rucksack packen
Ein Kreis von etwa zehn Kindern läßt einen leeren Rucksack von Hand zu Hand wandern. Jedes „legt" etwas in den Rucksack und spricht dazu, z. B.: „Ich lege einen Apfel in den Rucksack". Das nächste Kind wiederholt zuerst alles schon Eingepackte, bevor es selbst noch etwas Neues hinzufügt. Es kommt dabei auf die richtige Formulierung des Wenfalles an, z. B. einen Apfel.
Abwandlung: Der Rucksack wandert „voll" von Hand zu Hand, jedes Kind berichtet, was es „sieht": In dem Rucksack liegt . . ." Wer alle von den Vorgängern genannten Gegenstände in richtiger Reihenfolge wiederholen kann, ist Gewinner.

Tiere raten
Ein Kind denkt sich ein Tier aus und beginnt das Spiel: „Ich denke an ein Tier, das lebt im Wald". Nun müssen die Mitspieler durch Fragen herausbekommen, um welches Tier es sich handelt. „Hat es lange Ohren?" „Kann es fliegen?" „Baut es sich eine Höhle?" u. a. Dadurch wird die Form der Fragestellung geübt, ohne daß es für das Kind langweilig wird. Der Spielleiter antwortet jeweils nur mit ja oder nein.
Wer das gemeinte Tier errät, spielt in der nächsten Runde als Spielleiter weiter.

Abwandlung: Wem es nicht darum geht, daß die Kinder sich lediglich im Formulieren von Fragen üben, sondern dabei auch mitdenken lernen, der kann dieses Spiel dadurch erschweren, daß jeweils der Mitspieler ausscheiden muß, der eine schon früher gestellte Frage wiederholt.
Weitere Vorschläge: Berufe, Pflanzen, Fahrzeuge, Küchengeräte raten.

Sprechverse
Wie knackt Markus
eine Nuß?
Er legt die Nuß
mit Hochgenuß
unter einen Autobus.
        Hans Manz

Was träumt der Spatz
bei Wind und Sturm?
Von einem fetten Regenwurm.
Was träumt der Krebs
so dann und wann?
Daß er auch vorwärts laufen kann.
        Alfred Könner

Aufträge erteilen
Das Pfänderauslösen nach einem Pfänderspiel kann man auch so spielen: Das Kind, das sein Pfand auslösen möchte, erhält von jedem Kind der Spielgruppe einen Auftrag, den es ausführen muß. Beispielsweise kann gefordert werden „Stell dich auf den Stuhl!" „Schließe die Augen!" „Halte das rechte Bein hoch!" u. a. Die Aufträge werden dabei als Befehle formuliert, um diese Satzform zu üben.

Pantomime vorbereiten, interpretieren, nacherzählen
Die Kinder der Spielgruppe besprechen mit dem Spielleiter, was sie darstellen möchten. Sie erzählen, was sie alles tun werden. Der Ablauf wird genau geschildert. Verbesserungsvorschläge werden gemacht. Es wird erörtert, ob die Gesten auch den geäußerten Absichten entsprechen. Eine sorgfältige Gesprächsführung, wobei es sehr auf die klare und lautreine Sprache des Erwachsenen ankommt, bringt die Kinder in ihrer Ausdrucksmöglichkeit um vieles weiter.

Bildaufgaben

Stufe 1:
Zusammensetzspiele (1, 2, 3, 4)
Ortsbestimmung (47, 48)
Verkehrszeichen interpretieren (45)

Stufe 2:
Beobachten und erzählen (51, 52)
Bildergeschichten erzählen (1, 3)

Spiele ohne Bildmaterial

Ratespiel „Ich seh etwas, was du nicht siehst!"
Der Spielleiter beschreibt bis ins Detail einen im Raum befindlichen Gegenstand. Wer von den Kindern als erstes errät, welcher Gegenstand gemeint ist, gibt das nächste Rätsel auf. Dabei kommt es vor allem auf eine ausführliche Formulierung und verbale Beschreibung des gemeinten Gegenstandes an.

Geordnete Gedankenabläufe flüssig darstellen

Lügengeschichten erfinden
Die Kinder werden aufgefordert, sich eine ganz unglaubliche Geschichte

auszudenken und sie nach kurzer Denkpause vorzutragen. Die Spielgruppe entscheidet, wer am besten „lügen" konnte.

Geschichten ergänzen
Eine an einer spannenden Stelle unterbrochene Geschichte wird von verschiedenen Kindern zu Ende erzählt.

Märchenszenen vorbereiten
Vor dem Spiel einer Märchenszene wird von den Kindern formuliert, was die einzelnen Mitspieler tun und sagen.

Nacherzählen
Wird eine Geschichte nacherzählt, was dem Wortschatz und dem sprachlichen Ausdruck des nacherzählenden Kindes nützt, so ist es günstig, eine Gruppe von Zuhörern zu haben, die die Geschichte noch nicht gehört hat, sonst ist es langweilig. Außerdem erfährt der Erzähler an den Rückfragen der Zuhörer, was er unverständlich berichtet hat.

Dialog führen
Mit zwei Zweiergruppen bespricht der Spielleiter ein kurzes Thema, z. B. den Streit um einen Buntstift. Beide Gruppen stellen einmal zwei streitsüchtige und einmal zwei freundliche Kinder dar. Die Zuschauer entscheiden, welche Gruppe ihre Rollen besser gespielt und gesprochen hat. Sie versuchen, dieses Urteil auch zu begründen.

Geschichten erfinden
Zu drei vom Spielleiter vorgegebenen Reizwörtern werden die Kinder aufgefordert, sich eine kurze Geschichte auszudenken und sie dann vorzutragen.
Anstelle der Reizwörter können auch drei Abbildungen aus einem Prospekt ausgeschnitten und auf den Tisch gelegt werden. Jetzt muß zu diesen Bildern eine zusammenhängende kurze Geschichte erzählt werden.

Nach Anweisung bauen
Zwei Kinder werden so gesetzt, daß sie sich nicht sehen, aber mühelos verständigen können. Entweder sitzen sie Rücken an Rücken, oder man stellt ein großes geöffnetes Buch als Trennwand auf. Vor jedem Kind liegen genau die gleichen Bausteine derselben Größe, Farbe und Anzahl. Das erste Kind beginnt nun mit seinen Bausteinen irgend etwas zu bauen. Es spricht dazu und sagt, welchen Klotz es zuerst nimmt, wohin er gelegt wird usw. Das zweite Kind versucht, mit Hilfe seiner Bauklötze genau dasselbe zu bauen wie das erste. Es baut nur nach der mündlichen Anweisung des anderen Kindes. Sind beide fertig, werden die beiden Bauwerke verglichen.

Verbale Planung
Bei der Planung eines Vorhabens, z. B. ein Wandbild zu kleben, einen Kuchenteig anzurühren usw., wird eine Gruppe von etwa 6 Kindern aufgefordert, sich genau zu überlegen, was man Schritt für Schritt tun muß um das Ziel zu erreichen. Die Kinder beschreiben, sie verbessern sich gegenseitig, bis dann der gesamte Handlungsablauf feststeht.

Bildaufgaben

Stufe 1:
Bildergeschichten interpretieren (5, 6, 41, 42)
Erzählen und Fragen (46, 50)

Stufe 2:
Bildergeschichten interpretieren (1, 2, 3)
Erzählen und Fragen (11, 51)
Vergleichen und Berichten (7, 8, 24)

Anweisungen
zu den Spiel- und Arbeitsbogen Stufe 1

Bilder zusammensetzen

Schneide die Teile aus. Lege die Autos (Schiffe) von links nach rechts zusammen. Beginne in der obersten Zeile.

Die ausgeschnittenen Teile von den Blättern 1 und 3 werden an den Bildteil auf den Blättern 2 und 4 richtig angelegt. Die Bildteile dürfen nur angelegt werden, wenn sie passen. Nachträgliches Einfügen eines Zwischenstückes gilt nicht.

Abwandlung: Zwei Kinder erhalten jeweils ein Arbeitsblatt und legen die dazugehörigen Kärtchen mit der Rückseite nach oben in der Mitte des Tisches auf einen Stoß. Abwechselnd nimmt sich jedes Kind ein Kärtchen und versucht, es an seine Autos, beziehungsweise Schiffe anzulegen. Kann das Kärtchen noch nicht angelegt werden, wird es wieder unter den Stoß geschoben. Die Kärtchen sollen ihrer richtigen Reihenfolge nach von links nach rechts und Zeile für Zeile angelegt werden.

Weiteres Spielmaterial: Domino-Duett Nr. 6055021-2, Otto Maier Verlag Ravensburg.

Bildergeschichten ordnen

Ordne die Bilder in eine Zeile und erzähle die Geschichte. Das erste Bild liegt ganz links.

Nachdem das Kind die Kärtchen von Blatt 5 bzw. 6 ausgeschnitten hat, legt es sie von links nach rechts in eine Zeile und erzählt zu jedem Bild die darauf dargestellte Situation.

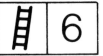

Die Lösung der Aufgabe setzt ein überschauendes Erfassen der einzelnen Situationen voraus, ehe die Bilder in die richtige Reihenfolge gebracht werden können.

Abwandlung: Alle Bilder werden gemischt. Zwei Kinder versuchen, jeweils eine zusammenhängende Geschichte zu legen (Reihenfolge von links nach rechts beachten!). Wer seine Bilder geordnet hat, erzählt dem Partner die Geschichte und zeigt dabei auf die entsprechenden Abbildungen.

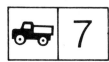

Den kürzesten Weg suchen

Das Auto fährt auf dem kürzesten Weg zur Fabrik (zur Tankstelle). Fahre mit dem Stift nach.

Die Bilder sind so gezeichnet, daß der kürzeste Weg des Autos von links nach rechts quer durch die Bildebene führt. Durch die Strichführung des eingezeichneten Wegs wird die Blickrichtung des Kindes wiederum von links nach rechts gelenkt.

Links-rechts-Vergleich

Male unter alle Vögel (Fahrzeuge), die nach links schauen (fahren), ein Kreuz. Male unter alle Vögel (Fahrzeuge), die nach rechts schauen (fahren), einen Kreis.

Diese Aufgabe dient in erster Linie wiederum der Übung der Links-rechts-Sicherheit. Es ist deshalb darauf zu achten, daß bei der Bearbeitung die Zeilenführung von links nach rechts eingehalten wird und gleichzeitig die Zeilen in der Folge von oben nach unten durchgesehen werden. Es wäre im Sinne dieser Aufgabe falsch, wenn zuerst alle rechtsseitigen Vögel (bzw. Fahrzeuge) gekennzeichnet würden und anschließend alles übrige ein Kreuz erhielte.

Bilderzeilen „lesen"

Male alle Kirschen rot, alle Bananen gelb, alle Nüsse braun und alle Äpfel grün an. Male zuerst eine Zeile fertig, bevor du in der nächsten beginnst. Fang beim Pfeil an.

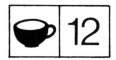

Male alle Semmeln gelb, alle Brezeln braun, alle Lutscher grün, alle Tortenstücke rot an. Beginne in jeder Zeile beim Pfeil. Male zuerst eine Zeile fertig, bevor du in der nächsten beginnst.

Durch die Bearbeitung dieser beiden Blätter wird wiederum die Zeilenführung von links nach rechts geübt. Der links außen angebrachte Pfeil will die Aufmerksamkeit der Kinder auf die gewünschte Blickrichtung lenken.
Kontrollmöglichkeit: Wird für denselben Gegenstand jeweils die gleiche Farbe verwendet, erhält das Bild nach dem Ausmalen eine durch die Farbwirkung hervorstechende Struktur.

Bilder vergleichen

Sieh dir die Bilder genau an, und sag bei jedem, was dazu- (weg-) gekommen ist.

Die untere Bildhälfte wird mit einem Blatt Papier abgedeckt. Erst wenn

alle Gegenstände auf der oberen Bildhälfte aufgezählt und richtig benannt sind, wird die untere Bildhälfte aufgedeckt.
Die Bilder sind so gezeichnet, daß mit der Blickrichtung von links nach rechts und mit der Zeilenführung von oben nach unten immer ein Gegenstand mehr erscheint. Durch die Abfolge wird der Blick von links nach rechts gelenkt, und der Blickrücktransport vom Ende der ersten zum Anfang der zweiten Zeile muß vollzogen werden.

Zusammengehöriges erkennen

Was ist hier abgebildet? Kreise ein, was zusammengehört.

Bei diesen Bildern geht es darum, daß die Kinder auf einen Blick das Gemeinsame der vielen Gegenstände erkennen, daß sie also in der Lage sind, die Gegenstände einem Oberbegriff (Fische – Vögel; runde Formen – eckige Formen zuzuordnen.

Bilder treffend benennen

Was siehst du für Tiere (für Fahrzeuge)

Die beiden Blätter geben Gelegenheit, verschiedene Tiere und Fahrzeuge mit ihrem richtigen Namen zu benennen und nach unbekannten Tiernamen oder Fahrzeugen zu fragen. Das Gespräch über diese Tiere und Fahrzeuge dient der Wortschatzerweiterung des Kindes. Die Aufforderung „Sag mit einem Wort, was auf diesem Blatt abgebildet ist", führt wiederum zum Oberbegriff.
Erweiterung: Die Abbildungen verschiedener gleichartiger Gegenstände regen an, über die Unterschiede zu sprechen. Das Kind kann die Tiere und Fahrzeuge beschreiben, es kann erzählen, welche davon es draußen schon gesehen hat und kennt.

Mit Stäbchen Formen legen

Lege alle Zeichen mit Stäbchen nach.

Die auf dem Blatt vorgezeichneten Zeichen sollen mit Stäbchen in Originalgröße nachgelegt werden. Dazu wird das Kind aufgefordert, die vorgegebenen Figuren mit den Stäbchen abzudecken. Diese Übung erfordert genaues Beobachten, denn es sollte kein gezeichneter Strich unter dem Stäbchen mehr sichtbar sein. Außerdem wird die Feinmotorik der zum Teil noch ungelenken Kinderhand durch das Hantieren geschult.

Paare suchen

Male die zusammengehörenden Schuhe immer in der gleichen Farbe an.

Unter 13 abgebildeten Schuhen sollen die 12 paargleichen herausgefunden werden. Das erfordert genaues Hinschauen und Vergleichen. Weiteres Spielmaterial: Junior-Memory Nr. 6055751-9, Otto Maier Verlag Ravensburg.

Aus vielen ähnlichen Bildern gleiche herausfinden

Suche die gleichen und lege sie zusammen.

Nachdem die Blätter und Blumen dieser Seite ausgeschnitten sind, wird das Kind aufgefordert, die gleichen von den ähnlichen zu unterscheiden. Es wird eine Hilfe sein, wenn die genau gleichen nebeneinander in einer Zeile, die ähnlichen darunter in eine zweite Zeile angeordnet werden.

Hier gehören immer zwei Knöpfe zusammen. Suche sie und verbinde sie mit einem Strich.

Ebenso wie bei Blatt 21 wird auch hier das detaillierte Wahrnehmen geübt. Als Lösungshilfe bietet sich neben der Form der Knöpfe die Farbe an, die das Zuordnen erleichtert.

Geringfügige Unterschiede erkennen

Was paßt nicht in die Reihe? Streiche es durch.

Die in Zeilen angeordneten Abbildungen erfordern ein genaues Hinsehen, damit das jeweils von den identischen Abbildungen abweichende Bild gefunden wird. Die Aufgabe verlangt ein Durchstreichen, also ein Auslöschen des falschen Bildes.

Kontrollmöglichkeit: Hat das Kind alle falsche Abbildungen gefunden und durchgestrichen, ergibt sich eine Kontrolle durch die Struktur: Die Ausstreichungen liegen diagonal von rechts oben nach links unten. Weiteres Spielmaterial: Differix Nr. 6055506-0, Otto Maier Verlag Ravensburg.

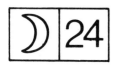
Fehlendes ergänzen

Male dazu, was der Zeichner auf dem Bild rechts vergessen hat.

Die rechte Abbildung unterscheidet sich von der linken dadurch, daß immer eine Kleinigkeit weggelassen wurde. Durch genaues Vergleichen findet das Kind die Lösung. Durch ein Abdeckblatt, das nur die Bilder, die gerade betrachtet werden, freigibt, wird die Lösung erleichtert, weil sich das Kind dann nicht durch die nachfolgenden Zeichnungen ablenken läßt.

Es kommt nicht darauf an, daß die Striche gerade eingezeichnet werden. Wichtig ist lediglich, daß das Kind den fehlenden Strich erkennen und einzeichnen kann.

Beobachten und Erzählen

Sieh dir das Bild genau an.

Die Kinder äußern sich frei über das Bild. Dabei werden sie durch Fragen des Erwachsenen und durch seine Beiträge gelenkt. Eine ständige Korrektur falsch oder unvollständig gesprochener Sätze und die immer wiederkehrende Ermahnung, ganze Sätze zu sprechen, entmutigen das Kind. Wichtiger ist das Gespräch, das Spiel von Frage und ausführlicher Antwort. Dabei sollte der Erwachsene selbst eine klare, lautreine Sprache sprechen. Dieses gute Beispiel bewirkt erwiesenermaßen mehr als alle Korrekturen. Wenn die Situation des Bildes vom Kind verstanden wurde, dann wird es dem Bild auch eine „Überschrift" geben können.
Gedächtnisspiel: Das Kind darf das Blatt 20 Sekunden ansehen, dann wird es umgedreht und man stellt ihm Fragen.
Wenn nach Kleinigkeiten gefragt wird, so ist das eine gute Überprüfung, wie genau das Kind beobachtet hat. Sehr wichtig ist bei diesem Gespräch über das Bild der Rollenwechsel, so daß auch das Kind die Gelegenheit erhält, Fragen zu stellen.
Abwandlung: Das Kind beschreibt das Bild einer Gruppe von Spielfreunden ohne es zu zeigen. Anschließend wird das Bild unter andere gemischt und der Gruppe zum Anschauen vorgelegt. Die Gruppe muß nun das zuvor beschriebene Bild erkennen.

Geringfügige Unterschiede erkennen

Suche die 5 Dinge, die sich auf dem Bild rechts verändert haben.

Die beiden sich jeweils gegenüberliegenden Abbildungen sind bis auf 5 Abweichungen in der Farbe völlig gleich. Es kommt darauf an, daß das Kind diese 5 Unterschiede erkennt.
Damit das Kind sich selbst kontrollieren kann, gibt man die Anzahl der Unterschiede bekannt.
Erweiterung: Die gleichen Bilder kann man bei späterer Gelegenheit auch als Erzählbilder im selben Sinne wie bei Blatt 25 beschrieben verwenden.

Fehlendes ergänzen

Male dazu, was fehlt.

Das Blatt enthält Abbildungen bekannter Gegenstände, an denen jeweils ein Teil weggelassen wurde. Das Kind wird nun aufgefordert, den weggelassenen Teil zu suchen und ihn zu ergänzen. Dabei kann es nicht nach Vorlage arbeiten, es muß sich auf sein Erfahrungswissen stützen.
Abwandlung: Wenn zwei Kinder spielen, können sie die Bilder auch zum Raten benützen. Ein Kind denkt an einen der Gegenstände auf

den Bildern, beschreibt ihn in Worten und läßt den Partner raten. Hat der das richtige Bild erraten, kommt er an die Reihe, ein Bild zu beschreiben.

Fehlendes ergänzen

Suche die 3 Dinge, die der Zeichner auf dem Bild rechts vergessen hat, und male sie dazu.

Die beiden auf den ersten Blick gleich erscheinenden Abbildungen unterscheiden sich in 3 Punkten, die das Kind suchen und selber entsprechend ergänzen soll. Im Unterschied zu Blatt 26 liegen die Abweichungen jetzt nicht in der Farbe.
Als Erweiterung äußert sich das Kind zu den Abbildungen und benennt alle dargestellten Gegenstände und Personen.

Wortlängen vergleichen

Suche in jeder Zeile das Ding mit dem längeren Namen und kreuze es an.

Die Lösung dieser Aufgabe erfordert zunächst ein exaktes Benennen der verschiedenen Abbildungen. Danach werden die beiden Wörter einer Zeile nochmals gesprochen und auf ihre Länge hin verglichen. Das längere Wort wird angekreuzt. Das Silbenklatschen erleichtert diese Übung. Es kann auch für Aufgabe 30 als Lösungshilfe eingesetzt werden.

Wortlängen vergleichen

Suche in jeder Zeile das Ding mit dem kürzeren Namen und kreuze es an. Wie oft kannst du klatschen?

Ebenso wie bei Blatt 29 wird es zweckmäßig sein, zuerst die Abbildungen laut benennen zu lassen. Die Wortpaare sind so ausgewählt, daß die Abbildungen keine Hilfe bei der Lösung bieten. Ein Ball ist zum Beispiel größer als ein Federball, das Wort „Ball" dagegen kürzer als „Federball". Das Kind muß also tatsächlich auf die Länge der Wörter hören, wenn es die Aufgabe richtig lösen will.
Kontrollmöglichkeit: Gleichmäßige Verteilung der Ankreuzungen.

Heraushören von Anlauten

Welche Dinge haben einen Namen, der mit Sch (M, A) beginnt? Suche in jeder Zeile von links nach rechts und von oben nach unten und rahme die richtigen Bilder rot (blau, gelb) ein.

Zuerst benennt das Kind alle Abbildungen Zeile für Zeile. Dann gibt

man ihm am besten ein Abdeckblatt zur Hand. Zeile für Zeile wird aufgedeckt und das Kind nennt die Gegenstände, deren Namen mit „Sch" beginnen. Diese werden rot eingerahmt. Auf die gleiche Weise kann das Blatt Zeile für Zeile nach Abbildungen zum Anlaut „A" durchgesehen werden, dabei werden diese Bilder blau eingerahmt. Der letzte Durchgang ist zugleich eine Kontrolle. Jetzt braucht das Kind nur noch nach den noch nicht eingerahmten Abbildungen zu sehen und zu überprüfen, ob die entsprechenden Wörter alle mit „M" beginnen.
Kontrollmöglichkeit: Die farbigen Einrahmungen der Bilder ergeben eine symmetrische Struktur.
Abwandlung: Wenn überprüft werden soll, ob ein Kind schon in der Lage ist, aus einer gesehenen Abbildung den gesuchten Anlaut zu entnehmen, ohne daß dabei das jeweilige Wort laut gesprochen wird, dann wird ihm zunächst das Arbeitsblatt mit der Bitte vorgegeben, sich zu jedem Bild das entsprechende Wort zu denken (nicht zu sprechen) und dabei die Farbumrahmungen vorzunehmen. Erst danach wird man das Kind dann bitten, zur Begründung seiner Einrahmungen die jeweiligen Abbildungen laut zu benennen.

Heraushören von Anlauten

Welche Dinge haben einen Namen, der mit H (I, L,) beginnt? Suche in jeder Zeile und rahme die richtigen Bilder rot (blau, grün) ein.

Die Anweisungen, Kontrollmöglichkeiten und Abwandlungen dieser Übung entsprechen in allen Teilen der Aufgabe 31.

Oberbegriffe finden

Lege alle Bilder von dieser, der nächsten und der übernächsten Seite zusammen, die zusammengehören.

Nachdem alle Kärtchen der drei Blätter 33, 34 und 35 ausgeschnitten sind, werden sie vom Kind nach einem bestimmten System geordnet. Dazu kann man das Kind beispielsweise auffordern, ein Schaufenster zu dekorieren und all das zusammenzulegen, was zusammengehört. Wenn man dem Kind freie Wahl der Zuordnung läßt, erfährt man im nachfolgenden Gespräch die Begründung für die getroffene Wahl. Es wird die Regel sein, daß das Kind funktional ordnet, also all das zusammenlegt, was man zum Essen, zum Spielen, zum Anziehen und zum Wohnen braucht.
Als Erweiterung kann man dem Kind bestimmte Kategorien vorgeben (Besteck, Möbel, Kleidung, Spielzeug), denen es die Einzelkärtchen zuordnet.
Das Kind wird gebeten, zu jeder Abbildung einen Satz zu sprechen, etwa: Der Sessel steht im Wohnzimmer, das Salatbesteck liegt in der Küche, usf.

Das Kind wird aufgefordert, sein Schaufenster umzudekorieren. Dabei gibt man ihm keine weiteren Hinweise, als daß die Kärtchen auch noch anders gelegt werden können. Es kommt dabei darauf an, daß das Kind möglichst einfallsreich nach Ordnungsmöglichkeiten sucht und dabei unbewußt das jeweils Gemeinsame an bestimmten Abbildungen erkennt und abstrahiert. So kann z. B. alles zusammengelegt werden, was eine bestimmte Farbe enthält, was mit einem bestimmten Buchstaben beginnt, was man in die Hand nimmt, usf.

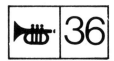

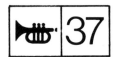

Bilder nach gegebenen Oberbegriffen ordnen

Lege von dieser und der nächsten Seite zusammen, was man essen kann, was man anziehen kann, was fährt, was beißt oder schnappt, was einen Ton gibt.

Nachdem alle Kärtchen von Blatt 36 und 37 ausgeschnitten sind, wird sie das Kind zunächst einzeln benennen. Dabei ergeben sich möglicherweise schon von selbst Ordnungsgesichtspunkte, wenn man das Kind bittet, alles zusammenzulegen, was zusammengehört. Dann werden dem Kind die gewünschten Kategorien gesagt, damit es seine Bilder danach anordnen kann.
Als Erweiterung kann man das Kind dazu anregen, innerhalb der getroffenen Ordnungssystematik noch einmal zu differenzieren, also z. B. alles, was einen Ton gibt, nach der Lautstärke des Tons zu ordnen; alles was fährt, nach der Geschwindigkeit; alles, was man anziehen kann, der Reihenfolge des Anziehens entsprechend und schließlich alles, was man essen kann, nach süß, salzig oder sauer.

Erkennen, was nicht dazugehört

Drei Dinge gehören nicht auf das Bild. Streiche sie durch.

Es wird erwartet, daß das Kind, ohne zunächst darüber zu reden, merkt, daß drei Dinge nicht zu den Blättern gehören. Die Denkleistung des Kindes besteht also darin, daß es sich selber einen Oberbegriff zur Mehrzahl der abgebildeten Dinge bildet und dann kontrolliert, was von den jeweiligen Abbildungen nicht unter diesen Oberbegriff fällt.

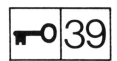

Erkennen, was nicht dazugehört

Drei Dinge gehören nicht auf das Bild. Streiche sie durch.

Anweisung und Ausführung wie bei Blatt 38.
Weiteres Spielmaterial: Schau genau Nr. 6055502-8, Otto Maier Verlag Ravensburg.

Ortsbestimmung „unter"

Male alle Hunde an, die unter dem Tisch sind.

Durch dieses Bildblatt wird das Erkennen der Lagebeziehung „unter" geübt.
Kontrollmöglichkeit: Hat das Kind alle entsprechenden Hunde angemalt, ergibt sich eine symmetrische Struktur.

Bildergeschichten erzählen

Erzähle, was Veronika heute, gestern erlebt (hat).

Nachdem die einzelnen Kärtchen ausgeschnitten und in einer Reihe von links nach rechts gelegt sind, wird das Kind aufgefordert dazu die Geschichte zu erzählen. Dabei verfährt man so, daß das Kind zuerst erzählen soll, als ob sich die Begebenheit gerade zuträgt und dann, bei einem zweiten Formulierversuch, als ob sich alles schon gestern abgespielt habe.

Bildergeschichte erzählen

Erzähle, was Stefan heute tut/gestern tat. Anleitung und Kontrollmöglichkeit wie bei Blatt 41.

Weiteres Material: Ali Mitgutsch, Rundherum in meiner Stadt, Bei uns im Dorf, Komm mit ans Wasser; Rolf und Margret Rettich, Hast Du Worte? Bilderbücher. Alle im Otto Maier Verlag Ravensburg.

Ortsbestimmungen „vor" und „hinter"

Male alle Bäume vor dem Haus grün an.
Male alle Bäume hinter dem Haus braun an.

Bei dieser Aufgabe wird nicht mehr nur das Erkennen einer Lagebeziehung überprüft, sondern es wird erwartet, daß das Kind die Gegensätze „vor" und „hinter" erkennen und unterscheiden kann.
Kontrollmöglichkeit: Die jeweils vor bzw. hinter einem Haus stehenden Bäume ergeben bei gleichfarbigem Anmalen eine Struktur.

Ortsbestimmung „über"

Male alle Luftballone an, die schon über dem Haus fliegen.

Hat das Kind in der Reihenfolge von links nach rechts und Zeile für Zeile von oben nach unten alle über dem Haus schwebenden Ballone angemalt, ergibt sich als Kontrolle eine symmetrische Struktur.

Verkehrszeichen erkennen

Was bedeuten diese Zeichen?

Anhand der Abbildungen soll das jeweilige Signal in Worten erläutert werden. Dadurch prägt sich das Kind die Verkehrsregel ein und übt sich im Sprechen ganzer Sätze.
Außerdem zielt diese Bildtafel darauf ab, dem Kind das Verständnis für Symbole nahezubringen. Bilder tragen ihren Sinn in sich, sie zu interpretieren ist keine Gedächtnis-, sondern eine Sprachleistung. Zeichensymbole aber, deren Bedeutung nicht unmittelbar aus der Darstellung abgeleitet werden kann, müssen zunächst erklärt werden, damit man sich ihre Bedeutung einprägen kann. Der gleiche Prozeß, nämlich die Bedeutung eines Symbols zu erklären, das Symbol zu behalten und es aus ähnlichen wiederzuerkennen, wird später beim Lesen gebraucht. Später steht anstelle des Bildsymbols der Buchstabe.
Weiteres Material: G. E. Heuß: Sehen Erkennen Benennen. Ravensburger Spiel- und Arbeitsmappe. Nr. 55 025 - 6. Otto Maier Verlag Ravensburg.

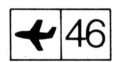
Bild Straßenverkehr: Fragen und Erzählen

Was erzählt dieses Bild?

Das Bild regt zum spontanen Erzählen der dargestellten Personen und Vorgänge an. Das Gespräch wird in Frage und Antwort so gelenkt, daß die Kinder allmählich zu einer etwas längeren, zusammenhängenden Äußerung geführt werden. Danach wird das Bild umgedreht. Durch Fragen nach Einzelheiten prüfen die Kinder sich gegenseitig, ob sie gut beobachtet haben.

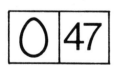
Ortsbestimmungen

Erzähle, wohin die Henne ihr Ei legen kann.

An viele mögliche und unmögliche Plätze legt die Henne ihr Ei. Dieses Blatt regt die Kinder dazu an, noch mehr Plätze zu nennen, wohin die Henne ihr Ei legt. Sie sprechen „in den.., unter den.., hinter den usw." und üben dabei die richtige Fallbildung.
Als Erweiterung kann man die Frage anders stellen.
Wo sucht die Bäuerin überall nach ihrem Ei? Nun heißt es „unter dem.., hinter dem..., usw."

Ortsbestimmungen

Erzähle, wohin der Luftballon fliegt.

Es gibt viele Möglichkeiten, wohin der Luftballon fliegen kann. Er fliegt über den Zaun, er fliegt über das Haus, er fliegt über den Baum usw.

Ein anderes Mal kann die Fragestellung lauten:
„Wo siehst du den Luftballon?" Über dem Zaun, über dem Wald usw.

Bilderrätsel

Wenn du die Bilder Zeile für Zeile von links nach rechts „liest", weißt du, wohin du die ausgeschnittenen Bilder legen mußt.

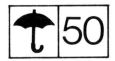

Das Blatt enthält pro Zeile zwei Abbildungen, die, „zusammengelesen", einen neuen Begriff ergeben. In die freie Reihe rechts werden die ausgeschnittenen passenden Abbildungen gelegt. Diese Aufgabe kann nur gelöst werden, wenn sich das Kind vom bloßen Bildbetrachten freimacht und das Wort der ersten Abbildung mit dem Wort der zweiten Abbildung zusammenspricht. Dann ergibt sich z. B. aus „Turm" und „Uhr" das Lösungswort „Turmuhr".

Erzählen und Fragen

Was erzählt das Bild?

Fragen, Erzählen, Einzelfragen stellen, siehe Blatt 46

Lotto: Woraus ist dieses Ding gemacht?

Schneide die Bilder aus und überlege, auf welche Lottokarte sie gehören.

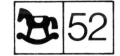

Nachdem die Lottokärtchen der Blätter 51, 52 und 53 ausgeschnitten sind, werden sie gemischt und auf einen Stoß in die Mitte des Tisches gelegt. Auf den Lottokärtchen sind Bilder von Gegenständen aus verschiedenen Rohstoffen. Die 3 Legetafeln zeigen jeweils einen dieser Rohstoffe. Aufgabe ist es, die Lottokärtchen auf die richtige Legetafel zu sortieren. Zur Legetafel „Wolle" gehören: Schal, Pullover, Jacke, Wolldecke, Rock, Mütze, Teppich und Socken. Zur Legetafel „Holz" gehören: Schrank, Blockflöte, Kahn, Gartenzaun, Holzpferdchen, Rodelschlitten, Tisch und Leiter. Auf die Legetafel „Glas" gehören die Kärtchen: Spiegel, Bierglas, Weinglas, Lupe, Glühbirne, Glaskugel, Brille und Flasche.

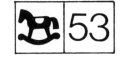

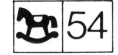

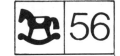

Abwandlung: Spielen 4 Kinder zusammen, übernimmt eines als Spielleiter sämtliche Kärtchen aller 3 Legetafeln, mischt sie und stapelt sie mit der Rückseite nach oben auf dem Tisch. Jeder der drei anderen Mitspieler hat eine Legetafel vor sich liegen. Der Spielleiter hebt ein Kärtchen nach dem anderen ab, dreht es um und benennt den abgebildeten Gegenstand. Der Besitzer einer Legetafel ruft „hier", wenn er das Kärtchen ablegen kann. Die Anordnung der Kärtchen auf der Legetafel ist beliebig. Wer zuerst alle Felder der Legetafel füllen konnte, spielt in der nächsten Runde als Spielleiter weiter.

Anweisungen
zu den Spiel- und Arbeitsbogen Stufe 2

Bildergeschichten ordnen

Ordne die Bilder von links nach rechts in eine Zeile und erzähle die Geschichte, bzw. was sich verändert hat.

Die einzelnen Bilder lassen sich so nebeneinander legen, daß sich ein Handlungsablauf ergibt. Sie regen das Kind dadurch zum zusammenhängenden Erzählen an. Gleichzeitig üben sie das überschauende Wahrnehmen und die Blickrichtung von links nach rechts. Die Aufgabe wird erschwert, wenn die Abbildungen kreuz und quer, also auch um 90° und 180° gedreht, ausgelegt werden.

Abwandlung: Drei Kinder spielen zusammen. Die Bilder von allen drei Blättern werden gemischt. Jedes Kind sucht sich nun die für seine Geschichte passenden Bilder heraus, ordnet sie und erzählt den beiden Partnern die Geschichte. Der mitzeigende Finger unterstützt die Blickrichtung von links nach rechts.

Wege suchen

Suche für jedes Auto die Zielfahne und male sie in der Farbe des Wagens an.

Auf dem Bildblatt stehen 5 verschiedenfarbige Rennautos vor dem Start. Der Weg eines jeden Wagens führt quer durch die Bildmitte über eine kurvenreiche Strecke von links nach rechts. Die Kinder versuchen, dem Weg nur mit den Augen zu folgen und ihn bis zur Zielfahne nicht zu verlieren.

Die Zielfahne wird dann in der Farbe des entsprechenden Wagens angemalt. Erst zur Kontrolle fahren die Kinder mit dem Farbstift in der gleichen Farbe wie das Auto jedem Weg nach und prüfen, ob der Weg an der gleichfarbigen Fahne endet.

Bilderzeilen „lesen"

Kreise alle Puppen rot, alle Bälle blau, alle Kräne grün, alle Drachen gelb ein. Male zuerst eine Zeile von links nach rechts fertig, bevor du in der nächsten beginnst.

Die Zeilenführung von links nach rechts übt sich hier gut ein, wenn kein Bild übersprungen wird.
Kontrollmöglichkeit: Da die einzelnen Figuren symmetrisch verteilt sind, ergibt sich nach dem Ausmalen durch die Farbwirkung ein entsprechendes Muster.

Suche alle Kreise, Dreiecke, Quadrate und male sie rot, grün, blau aus. Male immer zuerst eine Zeile von links nach rechts fertig, bevor du in der nächsten beginnst.

Dieses Arbeitsblatt stellt höhere Anforderungen, weil es sich um abstrakte geometrische Zeichen handelt, die außerdem noch kleiner sind. Kontrollmöglichkeit: wie bei Blatt 5.

Bilder vergleichen

Sieh dir die Bilder genau an und sage, was bei jedem dazugekommen ist.

Aufbau und Anleitung vgl. Anweisungen zu Stufe 1, Blätter 13 und 14. Das jeweils Hinzugekommene springt nicht mehr so unmittelbar ins Auge wie bei den entsprechenden Aufgaben von Stufe 1. Jetzt muß das Kind genau beobachten und jeden der neuen Gegenstände treffend benennen.

Das Beispiel des Erwachsenen und eine geschickte Gesprächsführung führt das Kind einen Schritt weiter von der reinen Aufzählung zum fortlaufenden Bericht. (Zuerst . . . , dann . . . , jetzt . . . , u. a.)

Rechts-links Vergleich

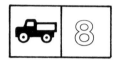

Male alle Fähnchen, die nach links zeigen, rot an.
Male alle Fähnchen, die nach rechts zeigen, grün an.

Die Zeilenführung von links nach rechts wird wiederum am besten geübt, wenn das Kind keine Fähnchen überspringt.
Kontrollmöglichkeit: Bei richtiger Lösung ergibt die Farbwirkung ein symmetrisches Muster.

Male Tassen, Krüge, Pfannen, die den Henkel oder Stiel rechts (links) haben.
Die Zeilen werden entsprechend den vorgegebenen Beispielen gefüllt. Dabei ist nicht die Art des Geschirrs entscheidend, sondern die Richtung des Stiels bzw. Henkels.

Situationen erkennen

Dem Kind wird das Blatt mit der Bitte gegeben, eine Überschrift für das Abgebildete zu suchen. Wovon erzählt das Bild?
Weitere Anregungen siehe Ausführungen zu den Arbeitsblättern 25, 46 und 50 der Mappe 1.

Zusammengehöriges erkennen

Was ist hier abgebildet? Kreise ein, was zusammengehört.

Alles Zusammengehörige einschließen erfordert, daß die Kinder den Oberbegriff für die abgebildeten Dinge erkennen. Die Schwierigkeitssteigerung liegt bei diesen Blättern im Vergleich zu Stufe 1 im Wechsel von anschaulichen Dingen zu abstrakten Figuren.

Zur weiteren Übung im Benennen von einzelnen Dingen und Ordnen zu Kategorien können Warenhauskataloge, Reiseprospekte, Bilderbücher und anderes mehr durchgeblättert und entsprechend benannt werden.

Weiteres Spielmaterial: Kombilotto Nr. 6055301-7, Otto Maier Verlag Ravensburg.

Mit Stäbchen Formen legen

Lege mit Stäbchen diese Zeichen ganz genau nach.

Die Abbildungen auf diesem Arbeitsblatt sind so verkleinert, daß sie nicht mehr durch Stäbchen abgedeckt werden können. Das Kind muß seine Figuren also frei nachlegen und dabei nicht nur die Rechts-links-Lage, sondern auch die Winkel zwischen den einzelnen aneinanderstoßenden Strichen beachten und so genau wie möglich nachzulegen versuchen.

Aus vielen ähnlichen Bildern gleiche herausfinden

Suche die gleichen und lege sie nebeneinander.

Nachdem die 12 Kärtchen ausgeschnitten sind, werden sie gut gemischt und ungeordnet auf dem Tisch ausgelegt. Die vier gleichen Abbildungen sollen gesucht und in eine Zeile nebeneinander gelegt werden. Die acht ähnlichen, aber nicht gleichen, werden in einer zweiten Zeile darunter angeordnet.

Kontrollmöglichkeit: Die vier gleichen Abbildungen sind auf der Rückseite durch Zeichen markiert.

Paare finden

Lauter Zwillinge! Suche, wie sie zusammengehören und verbinde die Paare mit einem Strich.

Acht Zwillinge müssen erkannt und einander zugeordnet werden. Ein Kind bleibt übrig.

Immer zwei Knöpfe sind gleich. Suche sie und verbinde sie mit einem Strich.

Unter 16 gleichfarbigen Knöpfen befinden sich je zwei formgleiche. Sie müssen gefunden und durch einen Strich verbunden werden. Die

Schwierigkeitssteigerung gegenüber Stufe 1 liegt jetzt in der Gleichfarbigkeit der Knöpfe. Dadurch wird das Kind angeleitet, ganz genau zu beobachten.

Bilder vergleichen und Fehlendes ergänzen

Male die acht Dinge dazu, die der Zeichner auf dem Bild rechts vergessen hat.

Im Vergleich zum linken Gegenbild fehlen auf dem Bild rechts jeweils acht Gegenstände, die das Kind finden und dazuzeichnen soll. Die Nennung der Anzahl der fehlenden Gegenstände erspart unnötiges Weitersuchen. Voraussetzung für diese Hilfestellung ist allerdings, daß das Kind schon bis acht zählen und zuordnen kann.

Fehlendes aus dem Gedächtnis ergänzen

Male bei jedem Bild dazu, was fehlt.

Die Bildtafel enthält die Abbildungen bekannter Gegenstände, an denen jeweils ein Teil fehlt. Das Kind kann beim Suchen des Fehlenden nicht mit einer Vorlage vergleichen, sondern ist auf sein Erfahrungswissen angewiesen. Sorgfältiges Beobachten ist wiederum Voraussetzung für die richtige Lösung.

Aus vielen ähnlichen Bildern gleiche herausfinden

Suche die gleichen und lege sie nebeneinander.

Ebenso wie bei Blatt 15 werden die ausgeschnittenen Kärtchen gut gemischt auf dem Tisch ausgelegt. Unter 16 Häusern befinden sich sechs in allen Teilen gleiche. Die zehn restlichen Häuser ergeben eine zweite Zeile.
Kontrollmöglichkeit: Bestimmte Zeichen markieren die identischen Abbildungen auf der Rückseite.
Weiteres Spielmaterial: Farben und Formen Nr. 605 5500-1, Otto Maier Verlag Ravensburg.

Geringfügige Unterschiede erkennen

Was paßt nicht in die Reihe? Kreise es farbig ein.

Auf beiden Blättern weichen pro Zeile jeweils eine oder zwei der geometrischen Figuren durch ihre Form geringfügig von den übrigen ab. Diese Figuren müssen in jeder Zeile gesucht und eingerahmt werden.
Kontrollmöglichkeit: Bei richtiger Lösung ergibt sich durch die Farbwirkung der Einrahmungen eine symmetrische Struktur.

Weiteres Spielmaterial: Schau genau Nr. 6055502-8,
Differix Nr. 6055506-0, Otto Maier Verlag Ravensburg.

Bilder vergleichen und Fehlendes ergänzen

Male dazu, was der Zeichner auf dem Bild rechts vergessen hat.

Auf dem rechten Bild fehlt jeweils ein Strich, der eingezeichnet werden soll. Die Lösung der Aufgabe erfordert hohe Konzentration und ein exaktes, vergleichendes Beobachten. Damit sich das Kind nicht durch die anderen Figuren ablenken läßt, empfiehlt es sich, mit einem Abdeckblatt zu arbeiten.

Unterschiede erkennen

Suche die fünf Dinge, die sich auf dem Bild rechts verändert haben.

Im Unterschied zu Blatt 18 wird die Aufmerksamkeit des Kindes jetzt nicht auf Fehlendes, sondern auf Andersartiges gelenkt. Das Bild rechts stimmt farblich in allen Teilen mit dem linken Gegenbild überein. Lediglich fünf Gegenstände sind in der Form anders gestaltet.
Erweiterungen: Das Kind erzählt zu jedem Bildpaar die dargestellte Situation.

Wortlängen vergleichen

Suche in jeder Zeile das Ding mit dem längsten Namen und kreise es ein.

Absichtlich sind die Beispiele so gewählt, daß ein und dasselbe Wort im Vergleich zu den anderen einmal das längere, dann wieder das kürzere Wort ist. „Banane" ist beispielsweise im Vergleich zu „Eis" und „Gurke" länger, im Vergleich zu „Schokolade" aber kürzer. Dadurch wird diese Aufgabe erschwert und kann nicht mechanisch gelöst werden. Von Zeile zu Zeile muß das Kind auf die Wortlängen achten, will es die Aufgabe richtig lösen.
Kontrollmöglichkeit: Durch die Farbwirkung ergibt sich eine symmetrische Struktur.

Suche in jeder Zeile das Tier mit dem längsten Namen und kreise es ein. Die Beispiele sind so gewählt, daß teils das größte, teils das kleinste Tier innerhalb einer Zeile den jeweils längsten Namen hat. Das Kind kann also nicht dem größten Tier den längsten Namen zuschreiben, sondern muß die Namen aller Tiere Zeile für Zeile auf ihre Länge hin vergleichen.

Wörter nach Silbenzahl ordnen

Klatsche die Namen der Dinge. Lege alle Bilder zusammen, bei denen du gleich oft klatschen kannst.

Nachdem die Kärtchen von Blatt 27 und 28 ausgeschnitten sind, spricht das Kind leise die Namen der Abbildungen und klatscht dabei die Anzahl der gesprochenen Silben. Alle Kärtchen mit gleicher Silbenzahl werden auf einen Stoß geschichtet.
Abwandlung: Bei einem späteren, wiederholten Ordnen der Kärtchen nach Silbenzahl kann dadurch eine Schwierigkeitssteigerung erreicht werden, daß das Kind nicht mehr mitklatscht und schließlich auch nicht mehr mitspricht. Es soll sich den Namen der Abbildung nur denken und dabei die Silbenzahl hören. Das wird aber auch nach intensiver Vorübung erst wenigen Kindern gelingen.
Erweiterung: Die Kärtchen dienen zur Ausdrucksschulung. Jeder Gegenstand wird genau benannt, zu jedem kann etwas erzählt werden.

Lautnuancen unterscheiden

Hör gut zu. Lege ein Klötzchen auf das Bild, das ich nenne.

Der Spielleiter nennt die Wortpaare nicht hintereinander, sondern spricht die Wörter beliebig vermischt mit normaler, nicht übertrieben deutlicher Aussprache.
Damit sich das Kind auch in der sauberen Aussprache ähnlich klingender Laute übt, übernimmt es im Wechsel mit dem Erwachsenen die Rolle des Spielleiters.

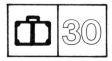

Suche in jeder Zeile das Bild, dessen Name ähnlich klingt wie beim ersten Bild. Kreuze an.
Zuerst soll das Kind Zeile für Zeile von links nach rechts alle Abbildungen benennen. Ein Abdeckblatt ist empfehlenswert. Danach wird pro Zeile das Lösungswort gesucht und angekreuzt.
Kontrollmöglichkeit: Bei richtigem Ankreuzen ergibt sich eine symmetrische Struktur.

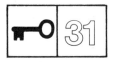

Anlaute hören.

Welche Dinge haben einen Namen, der mit Sch (Z, S) beginnt? Suche in jeder Zeile und rahme die richtigen Bilder rot (blau, gelb) ein.

Bei dieser Übung geht es nicht nur um ein Heraushören des gefragten Anlauts, sondern gleichzeitig um eine Unterscheidung sehr ähnlicher Laute.
Kontrollmöglichkeit: Nach dem Einrahmen der Bilder ergibt sich ein symmetrisches Muster.

Welche Dinge haben einen Namen, der mit K (G) beginnt? Suche in jeder Zeile und rahme die richtigen Bilder grün (rot) ein.
Bei dieser Übung geht es um das Heraushören ähnlich klingender harter und weicher Anlaute. Die Bearbeitung ist gleich wie bei Blatt 31. Auch die Kontrollmöglichkeit ist die gleiche.

Male ein Kreuz unter alle Dinge, die mit B beginnen.
Male einen Kreis unter alle Dinge, die mit einem P beginnen.
Bearbeitung und Kontrollmöglichkeit wie bei Blatt 31.

Male ein Kreuz unter alle Dinge, die mit einem T beginnen.
Male einen Kreis unter alle Dinge, die mit D beginnen.
Bearbeitung und Kontrollmöglichkeit wie bei Blatt 31.

Welche Dinge haben einen Namen, der mit F (Pf) beginnt? Suche in jeder Zeile und rahme die richtigen Bilder blau (rot) ein.

Wiederum werden zwei Anlaute gegenübergestellt, die ähnlich klingen. Schon beim Benennen aller Abbildungen wird es daher wichtig sein, auf saubere Artikulation der Laute zu achten.
Bearbeitung und Kontrollmöglichkeit wie bei Blatt 31.

Erweiterung: Eine Schwierigkeitssteigerung läßt sich für die Bearbeitung der Blätter 31 bis 35 dadurch erreichen, daß die Kinder das jeweilige Bild nicht laut benennen, sondern den entsprechenden Namen nur denken. Dadurch wird das stille Entnehmen des Wortklangs aus einer graphischen Darstellung geübt, was beim späteren Lesen eine wesentliche Rolle spielt.
Weiteres Spielmaterial: Wörter sprechen – Laute hören Nr. 005 8 005-8, Otto Maier Verlag Ravensburg

Gleiche Wortteile hören

Lege alle die Kärtchen in eine Reihe, bei denen ein Teil des Namens gleich ist.

Nachdem die Kärtchen ausgeschnitten sind, wird zunächst jede Abbildung benannt. Dann werden die acht Kärtchen so auf zwei Stöße verteilt, daß jeweils die vier Kärtchen aufeinanderliegen, bei denen ein Teil des Namens gleich lautet.
Zur Erleichterung dieser Aufgabe wäre es zweckmäßig, zuvor im Spiel ohne Bildmotive zu üben.

Sprich die Namen aller Bilder von dieser und der nächsten Seite und lege immer die beiden Kärtchen zusammen, bei denen ein Teil des Namens gleich ist.

Diese Aufgabe stellt eine Erweiterung und Erschwerung der Übung von Blatt 36 dar. Nachdem alle 18 Kärtchen ausgeschnitten sind, wird zunächst jedes für sich benannt. Dann werden sie paarweise abgelegt.
Weiteres Spielmaterial: „2 x Domino" Nr. 60 55000-X
Otto Maier Verlag Ravensburg

Endlaute hören

Welche Dinge haben einen Namen, der auf e (n, s) endet? Suche in jeder Zeile und rahme die richtigen Bilder blau (rot, grün) ein.

Das Heraushören von Aus- oder Endlauten aus gesprochener Sprache stellt eine weitere Schwierigkeitsstufe dar, die sicher nicht auf Anhieb bewältigt werden kann. Es empfiehlt sich daher, zuvor mit den Kindern mündlich zu üben. So können beispielsweise Kindernamen, die auf „a" enden, gemeinsam gesucht werden: Anna, Monika, Angelika, Roswitha, Barbara; oder solche auf die Endung „r": Walter, Otmar, Peter ... (vgl. auch die „Spiele ohne Bildmaterial", S. 14).
Die Bearbeitung des Blattes 39 erfolgt am besten wieder in vier Durchgängen, die zeitlich getrennt vorgenommen werden können. Zuerst werden alle Abbildungen benannt, wobei es darauf ankommt, den Auslaut besonders deutlich zu sprechen. Dann sucht das Kind Zeile für Zeile alle „e"-Endungen und rahmt die entsprechenden Bilder blau ein; ein nächster Durchgang zielt auf die Endungen mit „n", usw.
Kontrollmöglichkeit: Bei richtiger Lösung ergibt sich wiederum eine symmetrische Struktur.

Welche Dinge haben einen Namen, der auf sch (r,l) endet? Suche in jeder Zeile und rahme die richtigen Bilder blau (grün, gelb) ein.

Bearbeitung und Kontrollmöglichkeit wie bei Blatt 39.
Sagt das Kind zum Beispiel „Uhr" statt „Wecker", so ändert sich nichts am Auslaut. Ebenso kann statt „Kaminkehrer" „Schornsteinfeger" gesetzt werden, ohne daß sich die Aufgabe dadurch verändert. Es spielt auch keine Rolle, ob der Auslaut „l" oder „ll" (Ball) geschrieben wird. Das Kind hört in jedem Fall „l".

Anlaute hören

Suche in jeder Zeile alle Bilder, deren Namen ebenso anfangen wie auf dem Bild vor dem roten Strich. Kreuze an.

Bei dieser Aufgabe wird dem Kind der gesuchte Anlaut nicht mehr vorgesprochen. Es sollte jetzt in der Lage sein, ihn gemäß der Anweisung selbst abhören zu können. Dabei wird es wiederum eine Erleichterung bedeuten, wenn zunächst alle Abbildungen in einer Zeile laut benannt werden. Die übrigen Zeilen bleiben noch abgedeckt. Es wird eine Hilfe sein, wenn das Kind etwa folgendermaßen spricht: „Schnecke - Sch - (Haus, Auto) Schneemann - Schürze - (Baum, Vogel)". Das aus dem Anlaut der Schnecke gewonnene „sch" wird also leise vor sich hingesprochen und dabei ausprobiert, auf welches der nachfolgenden Wörter dieser Anlaut paßt. Ist eine entsprechende Abbildung gefunden, wird sie sofort angekreuzt.
Kontrollmöglichkeit: Die Lösung ergibt wiederum eine symmetrische Struktur.

Endlaute hören

Suche in jeder Zeile alle Bilder, deren Namen ebenso aufhören wie auf dem Bild vor dem roten Strich. Kreuze an.

Jetzt wird erwartet, daß das Kind selbständig die gesuchten Auslaute abhören und auf die nachfolgende Reihe von Wörtern übertragen kann. Bearbeitung und Kontrollmöglichkeit wie bei Blatt 41. Erweiterung: Die Aufgaben der Blätter 41 und 42 können dadurch wesentlich erschwert werden, daß man das Kind bittet, die gesuchten Laute nicht zu sprechen, sondern sie nur zu denken.

Reimwörter erkennen

Verteile die Karten dieser und der nächsten Seite gleichmäßig unter vier Kinder. Der erste Spieler nimmt eine seiner Karten auf und benennt sie laut. Wer das Reimwort hat, nennt es laut und erhält das Kartenpaar. Er darf weiterspielen. (Wer schon zu Beginn des Spiels ein Kartenpaar hat, legt es gleich ab). Gewinner ist der Spieler mit den meisten Kartenpaaren.

Nachdem die 24 Kärtchen ausgeschnitten sind, werden sie gut gemischt, dann kann das Gruppenspiel beginnen.
Abwandlung: Spielen nur zwei Kinder zusammen, so legen sie verdeckt zwölf Kärtchen in einer Reihe auf den Tisch. Die restlichen zwölf Karten werden gleichmäßig ausgeteilt. Jetzt drehen die Kinder gemeinsam die auf dem Tisch liegenden Karten um und suchen, welche sie mit ihren eigenen Spielkarten zu Reimwortpaaren ergänzen können. Es ist wichtig, daß dabei jedes Wortpaar laut benannt wird, damit sich das Kind beim Spiel den Reim einprägt.

Bildrätsel

In jedem Namen dieser Bilder haben sich zwei Namen versteckt. Suche sie und zeichne sie daneben.

Die Abbildungen werden zunächst alle benannt. Dabei zeigt es sich, daß sie jeweils ein zusammengesetztes Wort ergeben. Das Kind erfährt selbstverständlich diese grammatische Bezeichnung noch nicht! Die beiden Namen sollen getrennt, jeder für sich, in die zwei dafür vorgesehenen Leerfelder gezeichnet werden.
Diese Aufgabe stellt eine Umkehrung der in Stufe 1 (vgl. Blatt 49) geübten Zusammensetzung aus Einzelnamen dar.
Erweiterung: Die Aufgabe läßt sich dadurch erschweren, daß die Abbildungen nicht mehr benannt, sondern nur gedacht werden.

Gleiche Wortteile hören

Lege immer die beiden Bilder zusammen, in denen ein Teil des Namens gleich ist.

Nachdem die 12 Kärtchen ausgeschnitten sind, werden sie zu acht Paaren geordnet.

Vokale hören

In welchem Namen hörst du „a"? Suche in jeder Zeile und kreuze an. In welchem Namen hörst du „e" („i", „o", „u")? Suche in jeder Zeile und kreuze rot (gelb, blau, grün) an.

Nachdem sich das Kind im Abhören von An- und Auslauten geübt hat (vgl. Stufe 1, Blätter 31 und 32 und Stufe 2, Blätter 31 bis 35 und 39 bis 42), soll es seine Aufmerksamkeit jetzt auf den Inlaut lenken. Damit dieser besonders deutlich gehört werden kann, wurden lauter Vokalbeispiele gewählt. Die abgebildeten Wörter werden zuerst laut und deutlich benannt und dann Zeile für Zeile zunächst jeweils nach einem Vokal (z. B. „a"), dann wiederum Zeile für Zeile nach dem nächsten (usw.) abgesucht. Selbstverständlich kann sich diese Übung auf mehrere Tage verteilen. Der letzte Durchgang ist wiederum zugleich Kontrollgang.
Bei der Auswahl der Wörter wurde darauf geachtet, den gesuchten Vokal sowohl als langen als auch kurzen Laut einzuführen. (vgl. Tisch – Brief)
Durch das Ankreuzen ergibt sich ein symmetrisches Muster.
Weiteres Spielmaterial: Wortspiele Nr. 6655028-1,
Otto Maier Verlag Ravensburg.

Erkennen, was nicht dazu gehört

Streiche weg, was nicht dazu gehört.

Anweisung und Durchführung vgl. sinngemäß Stufe 1, Blatt 38. Die Schwierigkeitssteigerung gegenüber der ersten Mappe liegt in der Verkleinerung der Abbildungen. Außerdem wird dem Kind jetzt keine Anzahl der wegzustreichenden Gegenstände bekanntgegeben.
Erweiterung: Das Kind benennt alle Tiere bzw. Schuhe mit dem typischen Namen und läßt sich zum einen oder anderen eine kurze Geschichte einfallen.

Beobachten und erzählen

Erzähle, was du siehst. Wie ist es in Wirklichkeit?

Die Bilder der „verkehrten Welt" provozieren zum Fantasieren und zum Erzählen. Zuerst wird der Zustand, wie er gesehen wird, beschrieben, dann wird erzählt, wie es in Wirklichkeit ist. Man kann sich auch weitere Beispiele ausdenken.

Geschichten erzählen

Wer geht mit wem spazieren? Denke dir lustige Geschichten aus.

Die Abbildungen lassen der Phantasie freien Spielraum und ermöglichen mancherlei Kombination: Das Kind geht mit dem Krokodil, der Bär mit dem Roller spazieren usw.

Ortsbestimmungen „auf" und „unter"

Male alles Spielzeug auf dem Stuhl rot an. Male alles Spielzeug unter dem Stuhl blau an.

Anweisungen und Kontrollmöglichkeit wie bei Stufe 1, Blatt 40.

Ortsbestimmung „zwischen"

Male die Straße dort an, wo das Auto zwischen 2 Bäumen hindurchfährt.

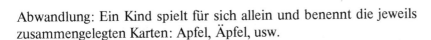

Anweisung und Kontrollmöglichkeit wie Stufe 1, Blatt 40.

Ein Ding - viele Dinge (Mehrzahlbildung)

Ein Kind ist Spielleiter und erhält die 12 Einzahlkärtchen. Die 12 Mehrzahlkärtchen der folgenden Seite werden unter alle Mitspieler gleichmäßig verteilt. Der Spielleiter deckt eine Einzahlkarte nach der anderen auf und benennt sie. Wer die passende Mehrzahlkarte hat, benennt sie laut und legt sie daneben. Wer zuerst alle Karten abgelegt hat, ist Gewinner.

Abwandlung: Ein Kind spielt für sich allein und benennt die jeweils zusammengelegten Karten: Apfel, Äpfel, usw.

Quellennachweis

S. 14 Die Kau (Josef Guggenmos), aus:
H. J. Gelberg (Hrsg.), Die Stadt der Kinder,
Recklinghausen: Bitter, 1969, S.88

S. 21 Wie knackt Markus eine Nuß? (Hans Manz), aus:
H. J. Gelberg (Hrsg.), Die Stadt der Kinder,
Recklinghausen: Bitter, 1969, S. 98

S. 21 Was träumt der Spatz bei Wind und Sturm? (Alfred Könner), aus:
H. J. Gelberg (Hrsg.), Die Stadt der Kinder,
Recklinghausen: Bitter, 1969, S. 76

Weitere Angebote aus dem Ravensburger Buchverlag

Für Kinder, die viel wissen wollen, gerne Geschichten hören und selber erzählen, die malen und basteln wollen, gibt es die
Ravensburger Spiel- und Bilderbogen
von G. Heuß / H. Wernhard

Bei uns zu Haus
ISBN 3-473-55098-1

Um uns herum
ISBN 3-473-55099-X

Beide Spiel- und Bilderbogen enthalten jeweils 64 zwei- und mehrfarbige Bilder aus der Erlebniswelt und dem Erfahrungsraum der Kinder. Die Kreativität und die Phantasie werden ebenso gefördert wie die Sprachentwicklung und die Wahrnehmungs- und Gestaltungsfähigkeit. Die Kinder üben sich im Zuhören und Verstehen und erhalten Anregungen zum Selber-Reden.
Die Geschichten- und Bilderbogen lassen sich zu einem ersten Buch zusammenlegen, wecken Freude am Umgang mit Büchern und können zum „Lesen" verlocken.

Zu diesen beiden Bilderbogen gibt es ein
Begleitheft von G. Heuß.
ISBN 3-473-55097-3

Das Begleitheft erläutert Ziele und Anlage der Spiel- und Bilderbogen und gibt grundlegende Hinweise zu ihrem Einsatz. Zu jedem Bogen gibt es außerdem didaktische Hinweise. Sie sind keine Gebrauchsanweisung, wohl aber Anregungen, die durch Vorschläge für geeignete Spiele und Bücher ergänzt werden.